Bibliografische Information der Deutschen Nationalbibliothek:

Die Deutsche Bibliothek verzeichnet diese Publikation in der Deutschen Nationalbibliografie; detaillierte bibliografische Daten sind im Internet über http://dnb.d-nb.de/ abrufbar.

Impressum:

Druck und Bindung: Books on Demand GmbH, Norderstedt Germany
ISBN: 9783668350106

Dieses Buch bei GRIN:

http://www.grin.com/de/e-book/344984/gesundheitsorientiertes-beweglichkeits-und-koordinationstraining

Philipp Breitmar

Gesundheitsorientiertes Beweglichkeits- und Koordinationstraining

Mit Literaturrecherchen zum Thema: Effekte des Dehnens auf die Bewegungsreichweite

GRIN Verlag

Deutsche Hochschule für
Prävention und Gesundheitsmanagement
Hermann Neuberger Sportschule 3
66123 Saarbrücken

Einsendeaufgabe

Fachmodul: Trainingslehre III

Studiengang: Gesundheitsmanagment

Datum Präsenzphase: 04.-06.04.2016

Name, Vorname: Breitmar, Philipp

Studienort: **Köln**

Semester: **SS 14**

Inhaltsverzeichnis

1 Personendaten

Tab. 1: Allgemeine Daten und allgemeiner Gesundheitszustand des Probanden, Herrn D. (eigene Darstellung)

Allgemeine Daten		
Alter	35 Jahre	
Geschlecht	Männlich	
Körpergröße	182 cm	
Körpergewicht	81 kg	
Trainingsmotive	- bessere Beweglichkeit, fühlt sich „steif" - mehr Sicherheit und Stabilität beim Fußball spielen	
Berufliche Tätigkeit	Bürokaufmann	
Aktuelle sportliche Aktivitäten	- spielt Hobbymäßig einmal pro Woche Fußball mit Freunden für ca. 90 Minuten seit 10 Jahren - geht 1-2 mal pro Woche zum Krafttraining ins Fitnessstudio für 60 – 90 Minuten seit 3 Jahren	
Frühere sportliche Aktivitäten	- war für 10 Jahre bis er 20 Jahre alt war im Fußballverein und hat während dieser Zeit ca. 3 mal pro Woche gespielt - war mit 19 für 6 Jahre im Fitnessstudio und hat Krafttraining gemacht	
Zeitlicher Verfügungsrahmen	hat 2-3 mal die Woche für maximal 60 Minuten Zeit	
Allgemeiner Gesundheitszustand		
Blutdruck	126/74 mmHg	Bewertung (nach WHO, 2013): Prähypertonisch
Ruhepuls	74 Schläge/Minute (S/min)	Bewertung (nach Wollenberg, o.J.): Normal
Orthopädische Probleme	keine bekannt	
Internistische Probleme	keine bekannt	
Medikamente	keine	
Sonstige gesundheitliche Einschränkungen	- hatte mit 20 Jahren einen Leistenbruch	

Bewertung: In Anbetracht der von Herrn D. angegeben Daten und der gemessenen Blutdruck- und Ruhepulswerte, kann er im Rahmen eines Beweglichkeits- und Koordinationstrainings ohne Einschränkung trainiert werden.

2 Beweglichkeitstestung

Tab. 2: Manueller Beweglichkeitstest des M. pectoralis majors (eigene Darstellung)

Testmuskulatur	M. pectoralis major	
Testdurchführung (nach Janda, 2000, S. 270)	Der Proband befindet sich in Rückenlage auf einer Behandlungsliege. Hüfte und Schultergelenk der zu testenden Seite schließen mit der Kante der Behandlungsliege ab um später eine freie Abduktion des Oberarms gewehrleisen zu können. Zur Beckenfixierung und zur Verhinderung einer Hyperlordose sind die Beine angewinkelt und die Füße stehen auf der Liege. Der Thorax wird durch den Tester fixiert. Dazu legt der Tester seine Hand auf den zu testenden Muskel und übt einen leichten Zug, in diagonaler Richtung von der Testseite weg, aus. Der Arm der Testseite wird, entgegen der Bewegungsrichtungen des M. pectoralis majors, im Schultergelenk abduziert und nach außenrotiert mit einer 90°-Beugung im Ellenbogengelenk. Zur Beurteilung wird die Position des Oberarms zur Horizontalen betrachtet. Während des Tests gilt es durch den Tester darauf zu achten, dass weder Becken noch Lendenwirbelsäule abheben, noch das der Proband die Antagonisten des M. pectoralis majors aktiviert, da dies die Testergebnisse verfälscht.	
Richtwerte (nach Janda, 2000, S. 271)	Stufe 0: Oberarm erreicht Horizontale Stufe 1: Oberarm erreicht Horizontale durch leichten Druck des Testers Stufe 2: Oberarm erreicht Horizontale durch leichten Druck des Testers nicht	
Testergebnis	Rechts: Stufe 0	Links: Stufe 0
Bewertung	Herr D. weist keine Beweglichkeitsdefizite des M. pectoralis majors auf. Ein Beweglichkeitstraining im Sinne eines Dehntrainings ist nicht zwingend notwendig.	

Tab. 3: Manueller Beweglichkeitstest des M. iliopsoas (eigene Darstellung)

Testmuskulatur	M. iliopsoas	
Testdurchführung (nach Janda, 2000, S. 258)	Der Proband befindet sich in Rückenlagen auf einer Behandlungsliege. Dabei schließt das Gesäß mit dem Rand der Liege ab, sodass die Beine frei überhängen können. Um eine Hyperlordose zu vermeiden winkelt der Proband ein Bein an und zieht es maximal weit zum Körper heran wobei ihn der Tester unterstützen kann. Das andere Bein hängt locker über den Rand der Liege. Zur Beurteilung wird die Position des Oberschenkels zur Horizontalen, also der Hüftbeugewinkel, betrachtet. Während des Tests gilt es durch den Tester darauf zu achten, dass weder Becken noch Lendenwirbelsäule abheben, da dies die Testergebnisse verfälscht. Becken und Lendenwirbelsäule bleiben fixiert.	
Richtwerte (nach Janda, 2000, S. 259)	Stufe 0: Oberschenkel erreicht Horizontale Stufe 1: Oberschenkel erreicht Horizontale durch leichten Druck des Testers Stufe 2: Oberschenkel erreicht Horizontale durch leichten Druck des Testers nicht	
Testergebnis	Rechts: 1	Links: 1
Bewertung	Herr D. weist leichte Beweglichkeitsdefizite des M. Iliopsoas auf, was durch seine hauptsächlich sitzende Tätigkeit nicht überrascht. Der M. Iliopsoas wird in das Beweglichkeits- bzw. Dehntraining mit einbezogen.	

Tab. 4: Manueller Beweglichkeitstest des M. rectus femoris (eigene Darstellung)

Testmuskulatur	M. rectus femoris	
Testdurchführung (nach Janda, 2000, S. 258)	Der Proband befindet sich in Rückenlagen auf einer Behandlungs-liege. Dabei schließt das Gesäß mit dem Rand der Liege ab, sodass die Beine frei überhängen können. Um eine Hyperlordose zu vermeiden winkelt der Proband ein Bein an und zieht es maximal weit zum Körper heran. Entgegen der Bewegungsrichtung des M. rectus femoris wird das andere Bein durch den Tester im höchst möglichen Hüftextensionswinkel gehalten und gleichzeitig das Knie durch leichten Druck gebeugt. Zur Beurteilung wird der Winkel zwischen Ober- und Unterschenkel, also der Kniebeugewinkel, betrachtet. Während des Tests gilt es durch den Tester darauf zu achten, dass weder Becken noch Lendenwirbelsäule abheben, da dies die Testergebnisse verfälscht. Becken und Lendenwirbelsäule bleiben fixiert.	
Richtwerte (nach Janda, 2000, S. 259)	Stufe 0: Unterschenkel hängt senkrecht herab Stufe 1: Unterschenkel erreicht 90° im Kniegelenk durch leichten Druck des Testers Stufe 2: Unterschenkel erreicht 90° im Kniegelenk durch leichten Druck des Testers nicht	
Testergebnis	Rechts: 1	Links: 1
Bewertung	Herr D. weist leichte Beweglichkeitsdefizite des M. rectus femoris auf, was durch seine hauptsächlich sitzende Tätigkeit nicht überrascht. Der M. rectus femoris wird in das Beweglichkeits- bzw. Dehntraining mit einbezogen.	

Tab. 5: Manueller Beweglichkeitstest der Mm. ischiocrurales (eigene Darstellung)

Testmuskulatur	Mm. ischiocrurales	
Testdurchführung (nach Janda, 2000, S. 261)	Der Proband befindet sich in Rückenlagen auf einer Behandlungsliege. Zur Beckenfixierung und zur Verhinderung einer Hyperlordose ist ein Bein angewinkelt und steht mit dem Fuß auf der Liege. Das andere Bein ist im Kniegelenk gestreckt und wird entgegen der Bewegungsrichtung der Mm. ischiocrurales vom Tester in die höchst mögliche Hüftflexion gebracht. Zur Fixierung hält der Tester mit einer Hand mittig vom Oberschenkel des zu testenden Beins gegen, während mit der anderen Hand unterhalb der Ferse Druck aufgebaut wird. So ist gewehrleistet, dass die Patella bei der Fixierung frei bleibt, das Knie nicht gebeugt wird und er Proband nicht verrutscht. Zur Beurteilung wird der Winkel zwischen Beinachse und Horizontale betrachtet. Während des Tests gilt es durch den Tester darauf zu achten, dass weder Becken noch Lendenwirbelsäule abheben, da dies die Testergebnisse verfälscht. Becken und Lendenwirbelsäule bleiben fixiert.	
Richtwerte (nach Janda, 2000, S. 262)	Stufe 0: Hüftflexion ≥ 90° möglich Stufe 1: Hüftflexion 80 – 89° möglich Stufe 2: Hüftflexion < 80°	
Testergebnis	Rechts: 2	Links: 2
Bewertung	Herr D. weist starke Beweglichkeitsdefizite der Mm. ischiocrurales auf, was durch seine hauptsächlich sitzende Tätigkeit und sein jahrelanges Fußballspielen nicht überrascht. Die Mm. ischiocrurales werden in das Beweglichkeits- bzw. Dehntraining mit einbezogen.	

Tab. 6: Manueller Beweglichkeitstest der Mm. triceps surae (eigene Darstellung)

Testmuskulatur	Mm. triceps surae	
Testdurchführung (nach Janda, 2000, S. 255)	Der Proband befindet sich in Rückenlagen auf einer Behandlungsliege. Ein Bein ist angewinkelt und steht mit dem Fuß auf der Liege. Das andere Bein ist gesteckt und ragt zur Hälfte über die Liege hinaus. Der Tester greift mit einer Hand den Fuß am Fersenbein und mit der anderen Hand um die Fußaußenkante. Nun zieht der Tester mit der einen Hand an der Ferse während er mit der anderen Hand den Fuß in eine höchst mögliche Dorsalextension drückt. Zur Beurteilung wird der Winkel zwischen Fuß und Unterschenkel betrachtet. Zu beachten ist, dass der Druck an der Fußaußenkante erfolgt, da es anderenfalls zu einer reflektorischen Anspannung der Mm. triceps surae kommen könnte, was das Testergebnis verfälschen würde.	
Richtwerte (nach Janda, 2000, S. 255)	Stufe 0: Dorsalextension bis 90° zwischen Fußrücken und Unterschenkel möglich Stufe 1: Dorsalextension 99 – 91° zwischen Fußrücken und Unterschenkel möglich Stufe 2: Dorsalextension ≥ 100° zwischen Fußrücken und Unterschenkel	
Testergebnis	Rechts: 0	Links: 0
Bewertung	Herr D. weist keine Beweglichkeitsdefizite der Mm. triceps surae auf. Ein Beweglichkeitstraining im Sinne eines Dehntrainings ist nicht zwingend notwendig.	

3 Trainingsplanung Beweglichkeitstraining

Tab. 7: Dehnübung Nr. 1 zur Verbesserung der Abduktion des Hüftgelenks (eigene Darstellung)

Zielmuskulatur	M. pectineus, M. adductor longus, M. gracilis, M. adductor brevis, M. adductor magnus
Dehnmethode	Passiv-dynamisch
Durchführung (nach Lindel, 2010, S. 81)	Machen sie einen seitlichen Ausfallschritt, so dass sie nun vor einem Stuhl o. Ä. stehen um sich abstützen zu können. Das Bein das beim Ausfallschritt das Standbein war ist gestreckt und der Fuß zeigt gerade nach vorne. Halten sie den Oberkörper gerade. Verlagern sie das Gewicht auf das Bein vor dem Stuhl, so dass eine Beugung im Knie entsteht und sich die Hüfte zur Seite bewegt. Der Fuß des gestreckten Beins bleibt an seiner Position. Bei der Gewichtsverlagerung sollte ein Dehngefühl im Bereich der Innenseite des Oberschenkels des gestreckten Beines entstehen.
Belastungsgefüge (nach Gimbel, 2014, S. 127)	Da die Übung passiv-dynamisch ausgeführt werden soll, begibt sich der Proband mit langsamen kontrollierten Bewegungen in die Position in der er einen starkes Dehngefühl spüren kann und verlässt diese Position wieder. Die Bewegungsamplitude soll dabei so klein gehalten werden, dass sich immer oberhalb der Dehnschwelle bewegt wird. Eine Bewegung entspricht einer Wiederholung. Mit zunehmender Wiederholungszahl soll die Intensität der Dehnung gesteigert werden bis hin zum maximal tolerierbaren Dehnschmerz. Insgesamt sollen 15 Wiederholungen absolviert werden. Nach einer kurzen Entspannungsphase von maximal 10 Sekunden wird der Vorgang wiederholt, so dass insgesamt zwei Serien ausgeführt werden. Danach wird die andere Seite auf gleiche Art gedehnt.

Tab. 8: Dehnübung Nr. 2 zur Verbesserung der Dorsalextension (eigene Darstellung)

Zielmuskulatur	M. gastrocnemius, M. plantaris, M. soleus
Dehnmethode	Passiv-statisch
Durchführung (nach Lindel, 2010, S. 57)	Begeben sie sich in Schrittstellung und stützen sich dabei an einem Stuhl o. Ä. ab. Das hinten stehende Bein ist im Kniegelenk gestreckt, während die Ferse Bodenkontakt hat. Das vordere Bein ist leicht gebeugt. Nun beugen sie das Knie des vorderen Beines weiter nach vorn, wobei sie mit der hintere Ferse weiter den Bodenkontakt halten und das hintere Knie weiter gestreckt lassen. Dabei sollte ein Dehngefühl im Wadenbereich des hinteren Beins spürbar werden.
Belastungsgefüge (nach Lindel, 2010, S. 31)	Da die Übung passiv-statisch ausgeführt werden soll, verweilt der Proband in der Position in der er ein deutliches Dehngefühl spüren kann für 20 Sekunden. Nach einer kurzen Entspannungsphase von maximal 10 Sekunden wird der Vorgang wiederholt, sodass insgesamt drei Serien ausgeführt werden. Dabei soll die Dehnintensität von Serie zu Serie steigen bis in der letzten Serie am maximal tolerierbaren Dehnschmerz verweilt wird. Danach wird die andere Seite auf gleiche Art gedehnt.

Tab. 9: Dehnübung Nr. 3 zur Verbesserung der Hüftgelenks-Flexion bei Kniegelenks-Extension bzw. umgekehrt (eigene Darstellung)

Zielmuskulatur	M. biceps femoris, M. semitendinosus, M. semimembranosus
Dehnmethode	Postisometrisch (Anspannung-Entspannungs-Dehnen)
Durchführung (nach Lindel, 2010, S. 75)	Begeben sie sich in den Kavalierstand. Dabei sollte sich ein Polster unter ihrem aufgestellten Knie befinden. Ihr Knie bildet eine Linie mit dem Hüftgelenk und Rumpf. Das vordere Bein ist nahezu gestreckt und wird auf die Ferse aufgestellt. Zur Schonung der Gelenkkapsel wird dabei stets eine leichte Beugung im Knie beibehalten. Um besser das Gleichgewicht halten zu können empfiehlt es sich mit einer Hand an einem Stuhl o. Ä, abzustützen. Sollte dabei noch kein Dehngefühl in der Oberschenkelrückseite aufkommen rutschen sie mit der aufgestellten Ferse nach vorne bis sie an ihrer Dehngrenze angelangt sind. Achten sie darauf, die leichte Kniebeugung beizubehalten und den Oberkörper gerade zu lassen.
Belastungsgefüge (nach Gimbel, 2014, S. 128)	Da die Übung postisometrisch ausgeführt werden soll, begibt sich der Proband zuerst nur in eine leichte Dehnposition. Aus dieser Position heraus wird nun die ischiocrurale Muskulatur für 10 Sekunden mit maximaler Intensität kontrahiert, d.h. die Ferse in den Boden gedrückt. Nach der Kontraktion wird die Muskulatur völlig entspannt aber höchstens für 3 Sekunden, bevor die Dehnposition so erweitert wird, dass erneut ein starkes Dehngefühl spürbar ist. Die Dehnposition wird nun für 30 Sekunden gehalten. Der Vorgang wird insgesamt zweimal wiederholt. Dabei soll die Dehnintensität von Wiederholung zu Wiederholung steigen bis in der letzten Wiederholung am maximal tolerierbaren Dehnschmerz verweilt wird. Danach wird die andere Seite auf gleiche Art gedehnt.

Tab. 10: Dehnübung Nr. 4 zur Verbesserung der Extension des Hüftgelenkes (eigene Darstellung)

Zielmuskulatur	M. Iliopsoas
Dehnmethode	Aktiv-statisch
Durchführung (nach Lindel, 2010, S. 83)	Begeben sie sich in den Kavalierstand. Dabei sollte sich ein Polster unter ihrem aufgestellten Knie befinden. Die Seite des aufgestellten Knies wird als erstes gedehnt. Setzen sie den hinteren Fuß etwas nach außen um eine Innenrotation im Hüftgelenk zu erzielen. Halten sie den Oberkörper grade indem sie die Bauchmuskulatur anspannen. Schieben sie nun die Gesäßhälfte nach vorne, damit das Hüftgelenk weiter gestreckt wird. Dazu spannen sie die Gesäßmuskulatur an, halten den Rücken dabei aber immer gerade. So sollte ein Dehngefühl in der Leiste spürbar werden.
Belastungsgefüge (nach Gimbel, 2014, S. 128)	Da die Übung aktiv-statisch ausgeführt werden soll, verweilt der Proband in der Position in der er ein starkes Dehngefühl spüren kann für 30 Sekunden. Entscheidend dabei ist, dass die Dehnposition durch Kontraktion eines Antagonisten des M. Iliopsoas, hier dem M. gluteus maximus, erreicht wird. Nach einer kurzen Entspannungsphase von maximal 10 Sekunden wird der Vorgang wiederholt, sodass insgesamt zwei Serien ausgeführt werden. Dabei soll die Dehnintensität von Serie zu Serie steigen bis in der letzten Serie am maximal tolerierbaren Dehnschmerz verweilt wird. Danach wird die andere Seite auf gleiche Art gedehnt.

Tab. 11: Dehnübung Nr. 5 zur Verbesserung der Hüftgelenks-Extension bei Kniegelenks-Flexion bzw. umgekehrt (eigene Darstellung)

Zielmuskulatur	M. rectus femoris
Dehnmethode	Aktiv-dynamisch
Durchführung (nach Lindel, 2010, S. 85)	Begeben sie sich in den Kavalierstand. Dabei sollte sich ein Polster unter ihrem aufgestellten Knie befinden. Die Seite des aufgestellten Knies wird als erstes gedehnt. Umfassen sie den hinteren Fuß mit der Hand derselben Körperhälfte, sollte dies schwierig sein können sie auch ein Handtuch zur Verlängerung benutzen. Halten sie den Oberkörper grade indem sie die Bauchmuskulatur anspannen. Ziehen sie nun den Fuß mit ihrer Hand weiter zum Gesäß, wobei ihr Knie stärker gebeugt wird. Schieben sie die Hüfte durch anspannen der Gesäßmuskulatur nach vorne. So sollte ein Dehngefühl im vorderen Oberschenkelbereich spürbar werden.
Belastungsgefüge (nach Gimbel, 2014, S. 127)	Da die Übung aktiv-dynamisch ausgeführt werden soll, begibt sich der Proband mit langsamen kontrollierten Bewegungen in die Position in der er ein starkes Dehngefühl spüren kann und verlässt diese Position wieder. Die Bewegungsamplitude soll dabei so klein gehalten werden, dass sich immer oberhalb der Dehnschwelle bewegt wird. Eine Bewegung entspricht einer Wiederholung. Mit zunehmender Wiederholungszahl soll die Intensität der Dehnung gesteigert werden bis hin zum maximal tolerierbaren Dehnschmerz. Insgesamt sollen 20 Wiederholungen absolviert werden. Nach einer kurzen Entspannungsphase von maximal 10 Sekunden wird der Vorgang wiederholt, so dass insgesamt drei Serien ausgeführt werden. Entscheidend dabei ist, dass die Dehnposition durch Kontraktion eines Antagonisten des M. rectus femoris, hier dem M. gluteus maximus, erreicht wird. Danach wird die andere Seite auf gleiche Art gedehnt.

Tab. 12: Dehnübung Nr. 6 zur Verbesserung Außenrotation des Arms (eigene Darstellung)

Zielmuskulatur	M. pectoralis major
Dehnmethode	Passiv-statisch
Durchführung (nach Lindel, 2010, S. 127)	Sie stehen gerade, dazu spannen sie die Rumpfmuskulatur an. Ein Arm wird im Ellenbogen auf ca. 90° gebeugt und mit ca. 90° vom Körper abgespreizt und nach außengedreht. Der Unterarm wird nun an einen Türrahmen o. Ä. gelehnt. Durch eine Rotation im Rumpf wird der Unterarm gegen den Türrahmen gedrückt. Der Arm bewegt sich dabei im Verhältnis zum Körper nach hinten, so dass ein Dehngefühl im Brustbereich spürbar werden sollte.
Belastungsgefüge	Siehe Belastungsgefüge Tab. 8

Tab. 13: Dehnübung Nr. 7 zur Verbesserung der Protraktion des Schultergürtels (eigene Darstellung)

Zielmuskulatur	M. trapezius (pars descendens und transversa), Mm. rhomboidei
Dehnmethode	Aktiv-statisch
Durchführung	Sie stehen gerade, dazu spannen sie die Rumpfmuskulatur an. Heben sie die gestreckten Arme bis auf Schulterhöhe an und verschränken sie die Hände. Nun ziehen sie aktiv die Schulterblätter nach vorne. Dabei sollte sich ein Dehngefühl im Bereich zwischen den Schulterblättern bemerkbar machen.
Belastungsgefüge (nach Gimbel, 2014, S. 128)	Da die Übung aktiv-statisch ausgeführt werden soll, verweilt der Proband in der Position in der er ein starkes Dehngefühl spüren kann für 15 Sekunden. Entscheidend dabei ist, dass die Dehnposition durch Kontraktion eines Antagonisten des M. trapezius und Mm. rhomboidei, hier dem M. pectoralis minor und M. serratus anterior, erreicht wird. Nach einer kurzen Entspannungsphase von maximal 10 Sekunden wird der Vorgang wiederholt, sodass insgesamt zwei Serien ausgeführt werden. Dabei soll die Dehnintensität von Serie zu Serie steigen bis in der letzten Serie am maximal tolerierbaren Dehnschmerz verweilt wird.

Tab. 14: Dehnübung Nr. 8 zur Verbesserung der LWS-Flexion (eigene Darstellung)

Zielmuskulatur	Mm. erector spinae
Dehnmethode	Passiv-statisch
Durchführung (nach Zägelein, 2013, S. 231)	Sie sitzen mit gebeugten Knien auf dem Boden. Beugen sie den Oberkörper nach vorne und greifen sie mit den Armen von innen nach außen unter ihren Unterschenkeln hindurch. Ihre Hände legen sie auf die nach außen gerichteten Fußrücken, so dass sie den Oberkörper mit den Armen weiter nach vorne ziehen können. Beim Nachvorneziehen sollte ein Dehngefühl LWS-Bereich spürbar werden.
Belastungsgefüge	Siehe Belastungsgefüge Tab. 8

Tab. 15: Dehnübung Nr. 9 zur Verbesserung der LWS-Extension (eigene Darstellung)

Zielmuskulatur	M. rectus abdominis
Dehnmethode	Passiv-statisch
Durchführung (nach Blum. S. 130)	Begeben sie sich in Bauchlage. Setzen sie die Hände neben den Schultern auf den Boden und drücken sie sich langsam nach oben, so dass das Becken stets den Kontakt zum Boden hält und ihr Oberkörper immer weiter nach hinten gedrückt wird. Dabei sollte ein Dehngefühl im Bauch spürbar werden. Wichtig: Im Bereich der LWS sollte kein unangenehmes Gefühl oder Schmerzen entstehen.
Belastungsgefüge	Siehe Belastungsgefüge Tab. 8

Tab. 16: Dehnübung Nr. 10 zur Verbesserung der Fingerextension bei Dorsalextension der Hand (eigene Darstellung)

Zielmuskulatur	M. flexor digitorum superficialis, M. flexor digitorum profundus
Dehnmethode	Passiv-statisch
Durchführung (nach Lindel, 2010, S. 161)	Sie stehen vor einem Tisch und stützen sich auf der Kante ab. Ellenbogen, Hand und Finger sind dabei gestreckt und soweit nach außenrotiert bis ihre Finger zu ihnen zeigen. Die andere Hand liegt auf ihren Fingern und stabilisiert ihre Position. Bewegen sie den Körper vorsichtig nach hinten, so dass die Streckung in ihrem Handgelenk größer wird. Der Ellenbogen und die Finger bleiben währenddessen gestreckt. Dabei sollte ein Dehngefühl in der von ihnen abgewandten Seite des Unterarms spürbar werden.
Belastungsgefüge	Siehe Belastungsgefüge Tab. 8

Aus zeitlichen Gründen wurde mit Herrn D. festgelegt, das Dehntraining sowohl nach dem Krafttraining als auch nach dem Fußballspielen (vgl. Tab. 1) durchzuführen. Somit muss nicht zusätzlich ein allgemeines Aufwärmprogramm zur Verbesserung der viskoelastischen Eigenschaften der Muskeln vorgeschaltet werden, was Zeit spart. Hinzukommt, dass dadurch eine ausreichende Häufigkeit von 2-3-mal pro Woche (1-2-mal Krafttraining plus einmal Fußball, vgl. Tab. 1), gesichert ist, um laut Rancour, Holmes & Cipriani (2009) eine Verbesserung der Beweglichkeit erzielen zu können.
Bei allen Übungen sollte versucht werden die Intensität so zu erhöhen, dass sich von der Dehngrenze aus bis zum maximal tolerierbaren Dehnschmerz gesteigert wird, da höhere Intensitäten nach Marschall (1999) die Bewegungsreichweite stärker vergrößern als niedrige. Aus psychologischen Gründen wird bei der Übungseinweisung vom Begriff Dehnschmerz abgesehen und stattdessen von dem Begriff „maximaler Dehnung" gesprochen. Des Weiteren wird der Begriff „Dehnschwelle" für den Probanden als erstes spürbares Dehngefühl erklärt und der Begriff „Dehngrenze" als starkes Dehngefühl.
Die aktuelle Forschungslage lässt in Bezug auf die Dehndauer und die Menge der Serien und/oder Wiederholungen einen großen Freiraum für Variationen zu. Darum muss sich vor allem an der Dehnmethode, den individuellen Beweglichkeitsdefiziten als auch dem zeitlichen Verfügungsrahmen des Probanden orientiert werden. Beim passiv-statischen Dehnen kann nach Lindel (2010, S. 31) die Zahl der Serien zwischen drei und zehn liegen, bei einer Dehndauer von 15-90s. Nach Gimbel (2014, S. 127-128) kann beim aktiv-statischen Dehnen die Dauer 10-30s betragen, mit einer Serienzahl von zwei bis drei. Bei dynamischen Dehnübungen, unabhängig ob aktiv oder passiv, können bis zu 30 Wiederholung und bis zu fünf Serien ausgeübt werden. Das postisometrische Dehnen als Sonderform beinhaltet eine bis zu 30s anhaltende isometrische Anspannungsphase, gefolgt von einer zwei bis drei sekündigen Entspannungsphase in der eine neue Dehnposition eingenommen wird, die wiederum für 10-30s gehalten wird. Diesen Angaben von Lindel und Gimbel nach zufolge wurde das Belastungsgefüge für die oben aufgeführten Dehnübungen wie folgt zu geordnet: ungetestete Muskeln und alle ohne Beweglichkeitsdefizite → niedrig (vgl. Tab. 7-8 & 12-16); leichte Beweglichkeitsdefizite → mittel (vgl. Tab. 10-11); starke Beweglichkeitsdefizite → hoch (vgl. Tab. 9). Insgesamt sollte es Herrn D. möglich sein, bei einer einkalkulierten Pause von 30s zwischen den Übungen, innerhalb von 30min sein Dehntraining zu absolvieren.
Die Auswahl der Dehnübungen wurde an den Eingangsdaten (vgl. Tab. 1) und den im Beweglichkeitstest erhobenen Daten (vgl. Tab. 2-6) bestimmt. Die ersten fünf Dehnübungen beziehen sich dabei auf den Beckengürtel mit den unteren Extremitäten, da

hier die größten Beweglichkeitsdefizite festgestellt wurden. Außerdem soll damit die für Herrn D. sportartspezifische Beweglichkeit der Beine gesichert und/oder verbessert werden. Aufgrund der von Herrn D. beschrieben Arbeitssituation folgen danach drei Übungen für den Schultergürtel mit den oberen Extremitäten (vgl. Tab. 12-13, 16) und zwei für die Wirbelsäule (vgl. Tab. 14-15). Zum einen geht mit einer langandauernden sitzenden Körperhaltung am PC oftmals eine sternosymphysale Haltung einher, als auch eine physiologisch ungünstige Belastung der Wirbelsäule. Auch wenn in diesen Bereichen noch keine Beschwerden vorliegen, so wird doch versucht präventiv die Beweglichkeit der Wirbelsäule und des Schulter-, Nackenbereichs aufrecht zu erhalten bzw. zu verbessern und bspw. Nackenverspannungen, Rückenschmerzen oder sogar Bandscheibenvorfälle vorzubeugen. Ebenso soll möglichen Einschränkungen der Unterarme durch die tägliche Arbeit am PC vorgebeugt werden, indem die Muskulatur der Fingerbeuger gedehnt und dadurch entspannt wird.

Insgesamt wurde versucht die Reihenfolge der Übungen so anzuordnen, dass Muskeln die bereits gedehnt wurden in späteren Übungen nicht mehr benötigt bzw. aktiv angespannt werden müssen, damit der Entspannungseffekt des Dehnens nicht verloren geht (Lindel, 2010, S. 26). So wurden bspw. die Übungen für die Wirbelsäule relativ an das Ende des Plans gelegt, da vorherigen Übungen mit Rumpfspannung ausgeführt werden sollen.

4 Trainingsplanung Koordinationstraining

Koordination stellt das Zusammenspiel von Nervensystem und Skelettmuskulatur dar. Ohne dieses könnten alle anderen motorischen Fertigkeiten (Kraft, Ausdauer, Schnelligkeit, Beweglichkeit) nicht richtig ablaufen (Zägelein, 2013, S. 211). Das Koordinationstraining bietet somit die Chance Bewegungsabläufe zu ökonomisieren und zu präzisieren. Positive Effekte dabei sind z.B. eine Verbesserung der Gelenkstabilität, der Gangqualität und der Rumpfstabilisierung. Alle diese Eigenschaften sind entscheidende Faktoren in der Sturzprophylaxe. Aber nicht nur alltags bezogene Risiken können durch ein Koordinationstraining gemindert werden. Gerade im Sport trägt Koordinationstraining dazu bei die Leistung zu verbessern und Verletzungen vorzubeugen (Steib, Pfeifer & Zech, 2014, S. 15). Im Folgenden wird daher ein aus zehn Übungen bestehendes Koordinationstraining für Herrn D. vorgestellt:

Tab. 17: Zehn Übung zur Verbesserung der Koordination (eigene Darstellung)

Übung Nr. 1: Einbeinstand	
Durchführung	Sie stehen gerade, mit dem Kopf aufrecht nach vorne gerichtet. Die Arme hängen locker neben dem Körper. Heben sie ein Bein an, so dass es den Boden nicht mehr berührt. Der Fuß soll nicht aufgesetzt und die Arme dicht am Körper gehalten werden. Das Ausschalten der Arme gewehrleistet eine höhere Aktivität der Bein- und Rumpfmuskulatur zum Erhalt des Gleichgewichts.
Übung Nr. 2: Einbeinstand auf dem Airex-Kissen	
Durchführung	Wie in Übung Nr. 1 nur auf dem Airex-Kissen.
Übung Nr. 3: Einbeinstand auf dem Airex-Kissen mit Standwaage (nach Kempf, 2014, S. 404)	
Durchführung	Ausgangsposition ist Übung Nr. 2. Nun beugen sie ihren Oberkörper gerade nach vorne, während das Bein nach hinten in Verlängerung des Körpers gestreckt wird. Die Arme sollen dabei nach wie vor dicht am Körper gehalten werden. Wenn sie sicher stehen wechseln sie langsam wieder zurück in die Ausgangsposition und wiederholen den Vorgang.
Übung Nr. 4: Einbeinstand mit Ball auf dem Fuß balancieren (nach Kempf, 2014, S. 408)	
Durchführung	Ausgangsposition ist Übung Nr. 2. Legen sie sich nun einen Fußball auf den Fußrücken des angehobenen Beines und versuchen diesen so zu balancieren, dass er nicht den Boden berührt. Zusätzliche Herausforderung wird bereits das Auflegen des Balles und der Wechsel in die Ausgangsposition sein, da hier der Oberkörper gebeugt und gestreckt werden muss.
Übung Nr. 5: Einbeinstand auf dem Airex-Kissen und den Ball „hochhalten"	
Durchführung	Ausgangsposition ist Übung Nr. 4. Nachdem sie den Ball auf den Fußrücken gelegt haben, lassen sie ihn immer wieder aufspringen und auf dem Fußrücken auftippen ohne ihn dabei auf dem Boden aufkommen zu lassen.
Übung Nr. 6: Zweibeinstand auf dem umgedrehten Bosu Balancetrainer	
Durchführung	Drehen sie den Bosu Balancetrainer mit der flachen Seite nach oben. Stellen sie sich mit aufrechtem Oberkörper mit beiden Füßen hüftbreit auf den Balancetrainer. Dabei dürfen ihre Knie leicht gebeugt sein. Halten sie ihre Arme dicht am Körper. Das Ausschalten der Arme gewehrleistet eine höhere Aktivität der Bein- und Rumpfmuskulatur zum Erhalt des Gleichgewichts. Wichtig: Der Balancetrainer sollte nicht mit der Kante den Boden berühren, da dies die Übung verfälscht.
Übung Nr. 7: Hocke auf dem Bosu Balancetrainer	
Durchführung	Ausgangsposition ist Übung Nr. 6. Wenn sie sicher stehen, gehen sie in die Hocke, so dass sie eine 90° Beugung in ihren Knien haben. Die Arme sind zur Gewichtsverlagerung nach vorne ausgestreckt. Der Rücken bleibt während der ganzen Zeit gerade und die Fersen auf dem Balancetrainer.
Übung Nr. 8: Kniebeugen auf dem umgedrehten Bosu Balancetrainer	
Durchführung	Wechseln sie die Übungen 6 und 7 so ab, dass daraus eine saubere Kniebeuge wird. Die Arme bleiben während der gesamten Zeit gerade vor den Körper gestreckt.
Übung Nr. 9: Zweibeinstand auf dem umgedrehten Bosu Balancetrainer mit geschlossenen Augen	
Durchführung	Ausgangsposition ist Übung Nr. 6 nur mit geschlossenen Augen. Sollten sie dabei das Gleichgewicht verlieren dann öffnen sie für einen kurzen Moment die Augen um nicht vom Balancetrainer absteigen zu müssen.
Übung Nr. 10: Kniebeugen auf dem Umgedrehten Bosu Balancetrainer mit geschlossenen Augen	
Durchführung	Führen sie die Übung Nr. 8 mit geschlossenen Augen aus. Sollten sie dabei das Gleichgewicht verlieren dann öffnen sie für einen kurzen Moment die Augen um nicht vom Balancetrainer absteigen zu müssen.

Aus zeitlichen Gründen wurde mit Herrn D. festgelegt, dass das Koordinationstraining vor dem Krafttraining (vgl. Tab. 1) und nach dem allgemeinen Aufwärmen, durchgeführt wird. Somit muss nicht zusätzlich ein allgemeines Aufwärmprogramm vorgeschaltet werden, was Zeit spart. Außerdem ist die Beanspruchung des Nervensystems und der Konzentrationsfähigkeit bei Koordinationsübungen besonders hoch, weshalb dieses nach dem Prinzip der richtigen Belastungsfolge vor das Krafttraining gesetzt wird (Gimbel, 2014, S. 18).

Um eine ausreichende Trainingshäufigkeit pro Woche zu gewährleisten sollte zusätzlich zu den Tagen an denen Herr D. Krafttraining betreibt noch ein weiterer Trainingstag eingeplant werden. Dem Koordinationstraining sollte dabei immer ein 10 minütiges Aufwärmen vorrausgehen. Insgesamt kommt man so auf zwei bis drei Einheiten pro Woche (1-2-mal vor dem Krafttraining plus einen extra Tag). Jede Übung soll mit zwei Serien ausgeführt werden. Bei den Übungen eins bis fünf soll eine Seite erst abgeschlossen werden bevor das Bein gewechselt wird. Die Pausendauer zwischen den Serien liegt bei 20s und bei Übungswechseln bei 30s. Die gesamte Dauer des Koordinationstrainings (ohne Aufwärmen) beträgt dann ca. 30min. Alle Parameter des Belastungsgefüges wurden an den von Steib, Pfeifer & Zech (2014, S. 17) angegeben Daten für sensomotorische Trainings und dem zeitlichen Verfügungsrahmen von Herrn D. (vgl. Tab. 1) angelehnt. Das Koordinations- und Dehntraining nimmt zusammen ca. 60min in Anspruch.

Die Auswahl und Reihenfolge der Übungen wurde so getroffen, dass die ersten fünf und die letzten fünf Übungen jeweils eine methodische Übungsreihe bilden. In jeder Reihe wurde versucht die Intensität kontinuierlich zu steigern. In Übungsreihe Nr. 1 wurde dazu von stabilem zu instabilem Boden, von Statik zu Dynamik und von einfachen zu komplexen Übungen gewechselt. Um einen sportartspezifischen Transfer für den Kunden herzustellen und gleichzeitig die Motivation zu erhöhen wurde bei den Übungen Nr. 4 und 5 ein Fußball mit einbezogen. Auch in der zweiten Übungsreihe wurde die Intensitätssteigerung durch den Wechsel von statischen zu dynamischen Übungen, aber auch durch Ausschluss der visuellen Informationsaufnahme gesichert (Kempf, 2014, S. 397). Alle Übungen zielen darauf ab die von Herrn D. gewünschte „Sicherheit und Stabilität“ (vgl. Tab.1) zu verbessern.

5 Literaturrecherche

Tab. 18: 1. Vergleichsstudie zum Effekt des Dehnens auf die Bewegungsreichweite (eigene Darstellung)

Name der Studie	Immediate effect of passive and active stretching on hamstrings flexibility: a single-blinded randomized control trial
Autoren	Yuichi Nishikawa, Junya Aizawa, Naohiko Kanemura, Tetsuya Takahashi, Naohisa Hosomi, Hirofumi Maruyama, Hiroaki Kimura, Masayasu Matsumoto and Kiyomi Takayanagi
Jahr der Veröffentlichung	2015
Probanden	54 junge, gesunde Versuchspersonen (27 Frauen und 27 Männer) mit eingeschränkter Flexibilität der ischiocruralen Muskulatur, die seit mindestens einem Jahr kein Dehn- oder Krafttraining ausgeübt haben und keine Verletzungen an den Beinen haben.
Versuchsaufbau	Bei der Untersuchung wurde die ischiocrurale Muskulatur der Versuchspersonen mit verschiedenen Dehntechniken gedehnt. Dazu wurden die Versuchspersonen in drei Gruppen eingeteilt. Eine Gruppe für das aktive Dehnen (Gruppe A), eine Gruppe für das passive Dehnen (Gruppe P) und ein Kontrollgruppe (Gruppe K). Jede Gruppe bestand aus 9 Männern und 9 Frauen. Daraufhin wurde die Flexibilität der ischiocruralen Muskulatur mittels „active knee-extension test (AKET)" gemessen. In der Ausgangsposition des Tests befanden sich die Versuchspersonen in Rückenlage mit 90° Beugung in der rechten Hüfte und dem rechten Knie. Der untere Rücken wurde zusätzlich durch eine Lendenrolle unterstützt. Aus dieser Position heraus wurden sowohl die Vor- und Nachtests gemacht, als auch die aktive und passive Dehnung selbst ausgeführt. In Gruppe P wurde das Knie durch einen Prüfer gestreckt, wobei die 90° Beugung in der Hüfte immer beibehalten wurde. In Gruppe A mussten die Versuchspersonen ihr Knie selbst ausstrecken. Insgesamt wurden drei Sätze mit mehreren Dehnungen ausgeführt, die für jeweils 10 Sekunden an dem Punkt gehalten wurden, an dem eine Spannung in der ischiocruralen Muskulatur spürbar war. Die Pause zwischen den Wiederholungen betrug ca. 10 Sekunden.
Ergebnisse	In den Vortests wurden folgende Winkel gemessen: Gruppe A: 45,9 ± 8,9°. Gruppe P: 40,6 ± 16,1°. Gruppe K: 44,2 ± 5,1°. Es gab keine signifikant unterschiedlichen Winkel zwischen den Gruppen beim Vortest. Beim Nachtest wurden folgende Winkel gemessen: Gruppe A: 52,9 ± 8,9°. Gruppe P: 56,4 ± 15,8°. Gruppe K: 45,1 ± 3,7°. In Gruppe A und P konnten signifikant größere Winkel als in Gruppe K gemessen werden und in Gruppe P konnten signifikant größere Winkel als in Gruppe A gemessen werden.
Schlussfolgerung	Sowohl passives als auch aktives Dehnen kann die Flexibilität bzw. Bewegungsreichweite der ischiocruralen Muskulatur kurzfristig verbessern. Außerdem lassen sich durch passives Dehnen noch stärke Effekte auf die Bewegungsreichweite erzielen als durch aktives Dehnen.

Tab. 19: 2. Vergleichsstudie zum Effekt des Dehnens auf die Bewegungsreichweite (eigene Darstellung)

Name der Studie	Wie beeinflussen unterschiedliche Dehnintensitäten kurzfristig die Veränderung der Bewegungsreichweite?
Autoren	Franz Marschall
Jahr der Veröffentlichung	1999
Probanden	21 Versuchspersonen (9 Frauen und 12 Männer; Alter 24,8 ± 3,4J.; Größe 172,9 ± 8,5cm; Gewicht 66,6 ± 11kg)
Versuchsaufbau	Bei der Untersuchung wurde die ischiocrurale Muskulatur der Versuchspersonen mit verschiedenen Intensitäten gedehnt. In einem Eingewöhnungstest wurden die Dehnschwelle, die Dehngrenze und die maximale Dehnung erfasst und definiert. Die Messungen wurden auf einem speziellen Messtisch, unter Berücksichtigung der Drehachse, fixierter Wirbelsäule und fixiertem Gegenbein mit konstanter Geschwindigkeit von 1,5°/s ausgeführt. Die erreichte Dehnposition wurde für weniger als 2s gehalten. Die Versuchspersonen wurden zufällig in die Gruppen „weiches Dehnen“ und „maximales Dehnen“ eingeteilt. Die ischiocrurale Muskulatur wurde mittels Fahrradergometer bei 1,5Watt/kg Körpergewicht, aufgewärmt. Bei der Testung wurden insgesamt 15 Wiederholungen ohne Pause aus der Neutral-0°-Position des Hüftgelenks bis zur jeweiligen von der Versuchsperson bestimmten gruppenspezifischen Grenze ausgeführt. Danach wurde noch einmal die maximale erreichbare Dehnung erfasst.
Ergebnisse	In beiden Gruppen konnte eine kurzfristige signifikante Verbesserung der maximalen Bewegungsreichweite erzielt werden. Die Differenz der maximalen Dehnung beträgt zwischen Vor- und Nachtest in der Gruppe mit maximalen Intensitäten 7,24 ± 4,19° und in der Gruppe mit submaximalen Intensitäten 3,29 ± 4,53°. Die Dehnschwelle blieb während der Durchführung in beiden Gruppen gleich.
Schlussfolgerung	Durch wiederholte Dehnungen der ischiocruralen Muskulatur kann eine kurzfristige Zunahme der maximalen Bewegungsreichweite erzielt werden. Dabei ist der Effekt von maximalen Dehnintensitäten auf die Bewegungsreichweite größer als der von submaximalen. Des Weiteren scheint sich das Schmerzempfinden nicht negativ auf die maximale Bewegungsreichweite auszuwirken. Insgesamt muss den Dehnintensitäten in Bezug auf den Dehneffekt mehr Beachtung geschenkt werden.

6 Literaturverzeichnis

Blum, B. (2000). *Perfektes Stretching Ein Leidfaden für gezielte Muskeldehnung* (5. Aufl.). München: Copress Sport.

Gimbel, B. (2014). *Körpermanagement*. Berlin: Springer.

Kempf, H.-D. (Hrsg.). (2014). *Funktionelles Training mit Hand- und Kleingeräten*. Berlin: Springer.

Lindel, K. (2010). *Muskeldehnung Grundlagen Differenzialdiagnostik Therapeutische Dehnungen Eigendehnung*. (2. überarbeitete Aufl.). Berlin: Springer.

Marschall, F. (1999). Wie beeinflussen unterschiedliche Dehnintensitäten kurzfristig die Veränderung der Bewegungsreichweite? *Deutsche Zeitschrift für Sportmedizin, 50* (1), 5-9. Zugriff am 17.4.2016. Verfügbar unter http://www.zeitschrift-sportmedizin.de/fileadmin/content/archiv1999/Heft01/1999_01_MUSKELDEHNUNG.pdf

Nishikawa, Y., Aizawa, J., Kanemura, N., Takahashi, T., Hosomi, N., Maruyama, H., Kimura, H., Matsumoto, M. & Takayanagi, K.(2015). Immediate effect of passive and active stretching on hamstrings flexibility: a single-blinded randomized control trial. *Journal of Physical Therapy Science, 27* (10), 3167-3170. Zugriff am 17.4.2016. Verfügbar unter http://www.ncbi.nlm.nih.gov/pmc/articles/PMC4668158/

Rancour, J., Holmes, C. F. & Cipriani, D. J. (2009). The effects of intermittent stretching following a 4-week static stretching protocol: a randomized trial. *Journal of Strength and Conditioning Research, 23* (8), 2217-2222. Zugriff am 26.5.2016. Verfügbar unter http://journals.lww.com/nsca-jscr/Abstract/2009/11000/The_Effects_of_Intermittent_Stretching_Following_a.6.aspx

Steib, S., Pfeifer, K. & Zech, A. (2014). Sensomotorisches Training. In H.-D. Kempf (Hrsg.), *Funktionelles Training mit Hand- und Kleingeräten* (S. 13-18). Berlin: Springer.

WHO, (2013). *World Health Day 2013*. Zugriff am 21.5.2016. Verfügbar unter http://apps.who.int/iris/bitstream/10665/113253/1/Fact_Sheet_WHD_2013_EN_14874.pdf

Wollenberg, C. (o.J.). *Puls Normalwerte*. Zugriff am 21.5.2016. Verfügbar unter http://www.blutdruckdaten.de/puls-normalwerte.html

Zägelein, W. (2013). *Move for Live Gesund durch Bewegung*. Berlin: Springer.

7 Tabellenverzeichnis